LIVRE QUATRIÈME.

ÉPITRE

A

M. A. DE LAMARTINE.

MESSÉNIENNE

SUR

LORD BYRON.

EPITRE

A

M. A. DE LAMARTINE.

ÉPITRE

A

M. A. DE LAMARTINE.

C<small>APTIF</small> sous mes rideaux, dont la double barrière
Enfermait avec moi la fièvre meurtrière,
J'humectais vainement mes poumons irrités
Des sirops onctueux par Charlard inventés;
Mon rhume s'obstinait, et ma bruyante haleine
Par secousse, en sifflant, s'exhalait avec peine.
Tes vers, qui m'ont sauvé, m'ont appris, un peu tard,
Qu'Apollon, pour guérir, vaut son docte bâtard;

Et je crois, plein du dieu qu'en te lisant j'adore,
Que l'oracle du Pinde est celui d'Épidaure.

Oui, tu m'as bien compris; oui, cette liberté
Qui séduit ma raison à sa mâle beauté,
Que ma muse poursuit de son ardent hommage,
Et dont mes fleurs d'un jour ont couronné l'image,
Propice à l'innocent, redoutable au pervers,
Est celle que Socrate invoque dans tes vers.
Messène l'adorait au pied du mont Ithôme,
Venise n'embrassa que son sanglant fantôme;
Son arc de l'Helvétie a chassé les Germains,
Et la flèche de Tell étincelle en ses mains.

Créé pour commander, l'homme naquit sans maître,
Et, chef-d'œuvre imparfait du Dieu qui le fit naître,
Avec l'instinct du bien vers le mal emporté,
Pour choisir la vertu reçut la liberté.
La licence est en lui l'abus d'un droit sublime :
La liberté gouverne, et la licence opprime.
Elle seule, à nos yeux, de son front sans pudeur
Sous un masque romain déguisa la laideur,

Et, de la liberté simulacre infidèle,

Lui ravit nos respects en se donnant pour elle.

L'excès de la raison comme un autre est fatal,

Et l'abus d'un grand bien le change en un grand mal.

Pour détrôner l'abus, proscrirons-nous l'usage ?

Mais quel bienfait si grand, ou quelle loi si sage,

Hors la tendre amitié, quel sentiment si beau,

Dont l'abus dangereux n'ait pas fait un fléau ?

Du soupçon à l'œil faux la prudence est suivie,

Et l'émulation traîne après soi l'envie :

Pour la philosophie, un jour on m'a conté

Que son front se gonfla d'avoir trop médité,

Son cerveau douloureux s'ouvrit, et le sophisme

En sortit tout armé d'un double syllogisme ;

Entre Euclide et Pascal, de l'excès du savoir

Naît le doute effaré qui regarde sans voir ;

La faiblesse pour mère a l'extrême indulgence,

Et l'extrême justice est presque la vengeance.

En punissant la faute, elle insulte au malheur :

La torture, à sa voix, fait mentir la douleur.

Thémis moins rigoureuse est aujourd'hui plus juste ;

Mais on la trompe encore, et sa balance auguste

N'incline pas toujours du côté du bon droit;

Son glaive tombe à faux et frappe en maladroit.

La chicane au teint jaune, aux doigts longs et difformes,
Entoure son palais du dédale des formes ;
Et, dans l'obscurité, les plaideurs aux abois
Sont par leurs défenseurs pillés au fond du bois.
J'ôte à ce parvenu la toge qui le pare,
Et je découvre un sot caché sous la simarre !
Que faire ? de Thémis briser les tribunaux ?
Mettre sa toque en cendre, et sa robe en lambeaux ?
Mais je vois un bandit, qui ne craint plus l'enquête,
A ma bourse, en plein jour, adresser sa requête ;
Et deux plaideurs manceaux, de colère animés,
En champs clos, pour leurs droits plaider à poings fermés.

Noble chevalerie, autrefois ta bannière
De l'Orient pour nous rapporta la lumière.
J'aime avec l'Arioste à vanter tes exploits
Dont la justice errante a devancé les lois ;
A voir tes jeux guerriers, ton amoureux servage
Adoucir de nos mœurs l'aspérité sauvage.
Mais dans leurs jeux parfois tes preux moins innocens
Ont, la lance en arrêt, détroussé les passans,
Ont levé sur l'hymen des dîmes peu morales,
Et, possesseurs armés de leurs jeunes vassales,

Opposant aux maris un rempart crénelé,
Ont fait plus d'orphelins qu'ils n'en ont consolé.
Eh bien, de nos romans bannirons-nous tes fées?
Irons-nous, de l'histoire arrachant tes trophées,
Des excès féodaux d'un fougueux châtelain
Flétrir Clisson, Roland, Bayard et Duguesclin?

Le saint amour des rois dans sa ferveur antique
Des plus beaux dévoûmens fut la source héroïque.
Mais cet amour outré mène au mépris des lois,
Foule à pieds joints l'honneur, le bon sens et nos droits,
Sous le joug du pouvoir se jette avec furie,
Compte un homme pour tout et pour rien la patrie.
J'en conclus qu'en tous lieux, surtout chez les Français,
L'incertaine raison marche entre deux excès,
Et court, dès qu'un faux pas l'écarte de sa route,
Du bonheur qu'on espère au malheur qu'on redoute,
Ainsi qu'un clair ruisseau captif entre ses bords,
Qui sans les inonder leur verse ses trésors,
Gonflé par un orage, en un torrent se change,
Et roule sur les fleurs les débris et la fange,
Si les lois, si les arts, le bon droit, le bon goût,
Si tout admet l'excès, si l'excès flétrit tout,

Ami, la liberté n'en est pas plus complice
Que toute autre vertu dont l'abus est un vice.
A son front virginal ma main n'a pas ôté
Le bonnet phrygien qu'il n'a jamais porté.
Pourquoi donc, trop séduit d'une fausse apparence,
Nommer la liberté quand tu peins la licence?

Eh! que répondrais-tu, si quelque noir censeur,
Trompé par tes accords et sourd à leur douceur,
Dans la Vierge immortelle à qui tu rends hommage
Voulait voir cet esprit d'imposture et de rage
Qui, sur les bancs dorés d'un concile romain,
Présida dans Constance, un brandon à la main;
De Jean Hus, en priant, signa l'arrêt barbare,
Au front d'un Alexandre égara la tiare;
Qui, le doigt sur la bouche, au fond du Louvre assis,
Attisait les complots que soufflait Médicis,
Et poussait Charles neuf, quand ses mains frénétiques
Frappaient d'un plomb dévot des sujets hérétiques;
Qui, se signant le front, l'air contrit, l'œil fervent,
Pour immoler Henri s'échappait d'un couvent;
Dont partout aujourd'hui la tortueuse audace
Se mêle en habit court aux nouveaux fils d'Ignace,

Qui prêche sous le frac, rampe sous le surplis,
Cache son embonpoint sous sa robe à longs plis;
Malgré ses trois mentons, vante ses abstinences,
Se glisse incognito de la chaire aux finances,
Résigné, s'il le faut, à sauter du saint lieu
Dans le fauteuil royal où s'assit Richelieu?

Mais non, ce fanatisme est l'abus que je blâme,
Il n'a pas allumé ces traits de vive flamme
Qui, par l'aigle de Meaux à ta muse inspirés,
Brillent comme un reflet de ses foudres sacrés.
Il n'a pas modulé ces sons dont l'harmonie
Semble un écho pieux des concerts d'Athalie.
Non, non, ce n'est pas lui que ta lyre a chanté;
C'est la religion, sœur de la liberté:
Un flambeau dans les mains, les ailes étendues,
Des bras du roi des cieux toutes deux descendues,
Chez les rois de la terre ont voulu s'exiler
Pour affranchir l'esclave ou pour le consoler.
Toutes deux ont ensemble erré parmi les tombes;
Toutes deux, s'élançant du fond des catacombes,
Sous un même drapeau marchaient d'un même pas,
Répandaient la lumière, et ne l'étouffaient pas.

L'une, le front paré des palmes du martyre,
Présente l'espérance aux humains qu'elle attire ;
Clémente, elle pardonne avec Guise expirant,
Embrase Fénelon d'un amour tolérant,
Guide Vincent-de-Paule, ensevelit Voltaire ;
Brûle de chastes feux ces anges de la terre
Qui sans faste et sans crainte à la mort vont s'offrir
Pour sauver un malade ou l'aider à mourir.
L'autre, le casque en tête et le pied sur des chaînes,
Sourit à Miltiade, inspire Démosthènes,
Joue avec le laurier cueilli par Washington,
Et l'offre aux dignes fils des Grecs de Marathon,
Libres s'ils sont vainqueurs, et libres s'ils périssent,
Qu'un poète secourt, et que des rois trahissent.
Viens, et sans condamner nos cultes différens,
Viens aux pieds des deux sœurs échanger nos sermens.
Éclairés par leurs yeux, réchauffés sous leurs ailes,
Pour les mieux adorer unissons-nous comme elles,
Et dans un même temple, à deux autels voisins,
Offrons nos dons divers sans désunir nos mains.

Que j'aime le tableau de ta barque incertaine
Cédant en vers si doux au souffle qui l'entraîne !

A M. A. DE LAMARTINE.

Au gré des flots mouvans, par la brise effleurés,
Sous nos deux pavillons nous voguons séparés ;
Mais quel que soit le bord où tende notre audace,
Pour nous montrer du doigt l'écueil qui nous menace,
Nous saluer d'un signe et d'un regard ami,
Laissons tomber la rame élevée à demi.
Demandons l'un pour l'autre une mer sans orage,
Un ciel d'azur, un port au terme du voyage,
Un vent qui nous y mène, et propice à tous deux,
M'apportant tes souhaits, te reporte mes vœux.

DOUZIÈME
MESSÉNIENNE.

LORD BYRON.

DOUZIÈME

MESSÉNIENNE.

LORD BYRON.

« Non, tu n'es pas un aigle, » ont crié les serpens,
Quand son vol faible encor trompait sa jeune audace :
Et déjà sur le dos de ces monstres rampans
Du bec vengeur de l'aigle il imprimait la trace ;
Puis, le front dans les cieux de lumière inondés,
Les yeux sur le soleil, les ongles sur la foudre,
Il dit à ces serpens qui sifflaient dans la poudre :
   « Que suis-je ? répondez. »

Tel fut ton noble essor, Byron; et quelle vie,
    Vieille de gloire en un matin,
D'un bruit plus imposant, d'un éclat plus soudain,
    Irrita la mort et l'envie?
Par de lâches clameurs quel génie insulté
    Dans son obscurité première,
Changea plus promptement et sa nuit en lumière,
    Et son siècle en postérité?

Poëtes, respectez les prêtres et les femmes,
    Ces terrestres divinités!
    Comme dans les célestes ames,
L'outrage est immortel dans leurs cœurs irrités.
Un temple, qu'on mutile (*), a recueilli Voltaire :
Vain refuge, et l'écho des foudres de la chaire,
Que le prêtre accoutume à maudire un grand nom,
Tonne encor pour chasser son ombre solitaire
    Des noirs caveaux du Panthéon.

(*) On a effacé sur le fronton du temple cette inscription, l'une des plus belles de la langue française : AUX GRANDS HOMMES LA PATRIE RECONNAISSANTE.

Byron, tu préféras, sous le ciel d'Ibérie,
Des roses de Cadix l'éclat et les couleurs
  Aux attraits de ces nobles fleurs
Pâles comme le ciel de ta froide patrie (*);
De là tes jours de deuil, de là tes longs malheurs !
Des vierges d'Albion la beauté méprisée
  Te poursuivit jusqu'au cercueil,
  Et de l'Angleterre abusée
  Tu fus le mépris et l'orgueil.

En vain leurs yeux ardens dévoraient tes ouvrages ;
L'auteur par son exil expia ses outrages ;
Et tu n'as rencontré sous des cieux différens,
Des créneaux de Chillon aux débris de Mégare,
Des gouffres d'Abydos aux cachots de Ferrare,
Que sujets d'accuser les dieux et les tyrans.

Victime de l'orgueil, tu chantas les victimes
  Qu'il immole sur ses autels ;

(*) Who round the north for paler dames would seek ?
 How poor their forms appear ! how languid, wan, and weak !
   (Childe-Harold, canto I.)

Entouré de débris qui racontaient des crimes,
    Tu peignis de grands criminels.
Rebelle à son malheur, ton âme indépendante
N'en put sans désespoir porter le joug de fer :
    Persécuté comme le Dante,
    Comme lui tu rêvas l'enfer.

L'Europe doit t'absoudre, en lançant l'anathème
    Sur tes tristes imitateurs.
La gloire n'appartient qu'aux talens créateurs ;
    Sois immortel : tu fus toi-même.
Il brille d'un éclat que rien ne peut ternir,
Ce tableau de la Grèce au cercueil descendue,
Qui n'a plus de vivant que le grand souvenir
    De sa gloire à jamais perdue.

Contemplez une femme, avant que le linceuil (*)
En tombant sur son front brise votre espérance,

(*) Tout le monde connaît ces beaux vers de lord Byron :
    He who hath bent him o'er the dead
    Ere the first day of death is fled,
    The first dark day of nothingness
    The last of danger and distress... etc.

Le jour de son trépas, ce premier jour du deuil
Où le danger finit, où le néant commence :
Quelle triste douceur! quel charme attendrissant !
Que de mélancolie, et pourtant que de grâce
Dans ses lèvres sans vie où la pâleur descend !
Comme votre œil avide admire en frémissant
Le calme de ses traits dont la forme s'efface,
La morne volupté de son sein pâlissant !
Du corps inanimé l'aspect glace votre âme ;
Pour vous-même attendri, vous lisez vos destins
Dans l'immobilité de ses beaux yeux éteints.
Ils ont séduit, pleuré, lancé des traits de flamme,
Et les voilà sans feux, sans larmes, sans regard !
Pour qu'il vous reste un doute, il est déjà trop tard;
Mais l'espoir un moment suspendit votre crainte,
Tant sa tête repose avec sérénité !
Tant la main de la mort s'est doucement empreinte
Sur ce paisible front par elle respecté,
Où la vie en fuyant a laissé la beauté!

C'est la Grèce, as-tu dit, c'est la Grèce opprimée;
La Grèce belle encor, mais froide, inanimée ;
La Grèce morte !... Arrête, et regarde ses yeux :
    Leur paupière long-temps fermée

Se rouvre à la clarté des cieux.
Regarde, elle s'anime; écoute, sous ses chaînes
Son corps frémit et s'est dressé.
Ce pur sang, que le fer a tant de fois versé,
Pour se répandre encor bouillonne dans ses veines;
Son front qui reprend sa fierté,
Pâle d'un long trépas, menace et se relève;
Son bras s'allonge, et cherche un glaive;
Elle vit, elle parle, elle a dit: Liberté!

Morte, tu l'admirais; vivante, qu'elle est belle!
Tu ne peux résister à son cri qui t'appelle.
Tu cours, tu la revois, mais c'est en expirant.
Oh! qui pourrait des Grecs retracer les alarmes,
Les vœux, les chants de deuil mêlés au bruit des armes?
Autour de la croix sainte, au pied des monts errant,
Le peuple confondait dans l'ardeur de son zèle
Son antique croyance avec sa foi nouvelle,
Invoquait tous ses dieux, et criait en pleurant:

« Vent qui donnes la vie à des fleurs immortelles,
« Toi, par qui le laurier vieillit sans se flétrir;
« Vent qui souffles du Pinde, accours, étends tes ailes,
    « Ton plus beau laurier va mourir!

« Flots purs, où s'abreuvait la poésie antique,
« Childe-Harold sur vos bords revient pour succomber;
« Versez votre rosée à ce front héroïque
   « Que la mort seule a pu courber.

« Dieux rivaux, de nos pleurs séchez la source amère;
« Dieu vainqueur de Satan, dieu vainqueur de Python,
« Renouvelez pour lui les jours nombreux d'Homère
   « Et la vieillesse de Milton ! »

N'invoquez pas les vents, insensés que vous êtes !
Leur souffle aime à flétrir la palme des poëtes,
   Tandis qu'il mûrit les poisons !
N'invoquez pas les flots des fontaines sacrées;
Ils brûlent tôt ou tard les lèvres inspirées
   Pour qui semblaient couler leurs dons !
N'invoquez pas les dieux; ils dorment; la mort veille.
Pour peu qu'un bruit de gloire ait dénoncé vos jours
   A son impitoyable oreille,
   La mort entend; les dieux sont sourds !

Il n'est plus ! il n'est plus ! toi qui fus sa patrie,
Pleure, ingrate Albion : l'exil paya ses chants.

Berceau de ses aïeux (*), pleure, antique Neustrie;
 Corneille et lui sont tes enfans.
Et toi que son trépas livre sans espérance
Aux chaînes des tyrans qu'auraient punis ses vers,
Pleure, esclave; son luth consolait ta souffrance,
 Son glaive aurait brisé tes fers!

Les Grecs le vengeront, ils l'ont juré: la gloire
 Prépare les funèbres jeux
 Qu'ils vont offrir à sa mémoire.
Qu'ils marchent, que son cœur repose au milieu d'eux,
 Enseveli par la Victoire.
Alors avec le fer du Croissant abattu
 Ils graveront sur son dernier asile:
 « O sort! que ne l'épargnais-tu?
« Il chantait comme Homère, il fût mort comme Achille! »

Ah! quels que soient les lieux par sa tombe illustrés,
Temple de la vertu, des arts, de la vaillance,
Dont Londre est fière encore et qu'a perdu la France,

(*) La famille de lord Byron est originaire de Normandie: ses aïeux suivirent en Angleterre Guillaume-le-Conquérant.

Son ombre doit s'asseoir sous tes parvis sacrés.
Westminster, ouvre-toi ! Levez-vous devant elle,
 De vos linceuls dépouillez les lambeaux,
Royales majestés ! et vous, race immortelle,
Majestés du talent, qui peuplez ces tombeaux !
Le voilà sur le seuil, il s'avance, il se nomme.....
Pressez-vous, faites place à ce digne héritier !
Milton, place au poëte ! Howe, place au guerrier !
 Pressez-vous, rois, place au grand homme !

TABLE DES MATIÈRES

CONTENUES DANS CE VOLUME.

	Pages.
Préface de l'Éditeur	5
LIVRE PREMIER	9
Envoi des Messéniennes a madame ***	13
Première Messénienne. — La bataille de Waterloo	17
Seconde Messénienne. — La dévastation du Musée et des monumens	37
Troisième Messénienne. — Du besoin de s'unir après le départ des étrangers	27
Quatrième Messénienne. — La Vie de Jeanne d'Arc	49
Cinquième Messénienne. — La mort de Jeanne d'Arc	59
Sixième Messénienne. — Le jeune Diacre, ou la Grèce chrétienne	69
Septième Messénienne. — Parthénope et l'Étrangère	81

Pages.

Huitième Messénienne. — Aux ruines de la Grèce païenne.. 91
Neuvième Messénienne. — Tyrtée aux Grecs............... 101
Dixième Messénienne. — Le Voyageur..................... 113
Onzième Messénienne. — A Napoléon...................... 123
Épilogue.. 185

LIVRE SECOND...... 137

La découverte de la Vaccine, discours en vers............ 143
Discours d'ouverture du second Théâtre Français......... 159
Discours d'inauguration pour le Théâtre du Havre........ 171
Épître à Messieurs de l'Académie Française............... 185

LIVRE TROISIÈME...................................... 200

Les Troyennes, cantate.................................... 205
Danaé... 215
Antigone et Ismène....................................... 221
Hymne à Vénus... 225
Ode... 229
Versailles, élégie... 233
A mes Amis... 237
Au vallon d'Argentol..................................... 239

TABLE DES MATIÈRES.

Pages.

L'Attente.. 243
A mon Ami ***, en lui demandant, pour une vieille
    femme, une place dans un hospice...................... 245
Stances.. 247
Imitation de l'Hécube d'Euripide............................ 253

LIVRE QUATRIÈME.. 263

Épître à M. A. de Lamartine................................ 267
Douzième Messénienne. — Lord Byron.................... 279

FIN DE LA TABLE.

IMPRIMERIE ET FONDERIE DE J. PINARD,
RUE D'ANJOU-DAUPHINE, N° 8.

www.ingramcontent.com/pod-product-compliance
Lightning Source LLC
Chambersburg PA
CBHW060609050426
42451CB00011B/2164